Made in the USA
Monee, IL
18 October 2020

45366842R00069